給孩子的趣味中國史

清

陳麗華 主編　　　　倪明泉 繪

中華教育

給孩子的趣味中國史

清

陳麗華 主編　　　　倪明泉 繪

責 任 編 輯	✎	王　　玫
裝 幀 設 計	✎	綠 色 人
排　　　版	✎	陳 美 連
印　　　務	✎	劉 漢 舉

出版　中華教育

香港北角英皇道 499 號北角工業大廈 1 樓 B
電話：(852) 2137 2338　傳真：(852) 2713 8202
電子郵件：info@chunghwabook.com.hk
網址：http://www.chunghwabook.com.hk

發行　香港聯合書刊物流有限公司

香港新界荃灣德士古道 220-248 號荃灣工業中心 16 樓
電話：(852) 2150 2100　傳真：(852) 2407 3062
電子郵件：info@suplogistics.com.hk

印刷　美雅印刷製本有限公司

香港觀塘榮業街 6 號海濱工業大廈 4 字樓 A 室

版次　2019 年 9 月第 1 版第 1 次印刷
**　　　2021 年 4 月第 1 版第 2 次印刷**

©2019 2021 中華教育

規格　16 開（205mm x 170mm）

ISBN　978-988-8674-16-9

目錄

厲害，十三副鎧甲定天下

白手起家的「野豬皮」首領

愛新覺羅·努爾哈赤出生在女真族的一個小酋長家裏，他勤奮好學，熟讀《水滸傳》和《三國演義》，並憑藉着自己的努力和勇敢，一步步從家奴成為高高在上的後金可汗。

在滿語裏，努爾哈赤是「野豬皮」的意思，代表着堅韌和勇猛。

十三副鎧甲定天下

努爾哈赤用祖父和父親留下來的十三副鎧甲武裝了少數部眾，起兵逐步統一了女真部落，並建立了八旗制度和後金政權，正式與明朝決裂。

努爾哈赤以「七大恨」告天，起兵反明。

努爾哈赤的寶劍

努爾哈赤玉璽（xǐ）

以打獵為生的女真族

4

後金政權壯大，再壯大

努爾哈赤帶領的軍隊接連擊敗明軍，使得後金政權日益壯大。接着，努爾哈赤遷都瀋陽，並將其改稱為「盛京」。

後金時期的皇宮，就是現在的瀋陽故宮。

獨特的八旗制度

八旗軍兵民合一，需要打仗時就上戰場，無仗可打時就耕田打獵。這種方式大大提高了女真族的戰鬥力，為建立清朝政權打下了堅實的基礎。

努爾哈赤的克星

努爾哈赤率軍攻打寧遠城時，明朝將領袁崇煥（huàn）用紅夷大炮擊敗了八旗軍。努爾哈赤兵敗寧遠城，不久後便含恨而終。

此時，明朝內憂外患，終於快撐不住了。

5

足智多謀的皇太極

皇太極是努爾哈赤的兒子，他即位後調整了很多不合理的舊制度，還做了一系列富國強兵的事情。他夢想着取代明朝、入主中原，但後來他突然去世，未能親眼看到清軍入主中原的那一天。

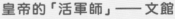

「唯我獨尊」

皇太極為了加強統治，廢除了與三大貝勒共同接受朝拜的舊制度，改為汗王一個人接受朝拜，完成了「唯我獨尊」的華麗變身。

人人都誇我有謀略、有抱負，其實我只是套路多而已，不信你瞧……

皇帝的「活軍師」—— 文館

皇太極設立文館，邀請有才幹的知識分子記錄政事、翻譯漢文典籍，從中總結出治國安邦的歷史經驗。有了文館，皇太極身邊就像多了個「活軍師」。

順應「天意」稱帝

皇太極偶然得到傳國玉璽，認為這是天意，便在盛京舉行了稱帝儀式，並改國號為「大清」。

智降洪承疇，再得一名大將！

❶ 明朝將領洪承疇（chóu）被清軍擒獲後，誓要以死明志，絕不投降清軍，這讓求才若渴的皇太極無比擔憂，唯恐失去眼前這位人才。

❷ 同為漢人的清朝大臣范文程去探監時，看到洪承疇很愛惜自己的衣服，於是便認定他非常惜命，不會想不開自殺。

❸ 皇太極知道洪承疇惜命後，便不斷對他噓寒問暖，終於感動了洪承疇，將他收入麾下。

> 我投降！您才是真命天子啊！

清朝重臣范文程

皇太極在位期間重用漢臣，最典型的就是洪承疇和范文程。其中范文程曾輔佐過皇太極、順治、康熙三代皇帝，為清朝入主中原立下了汗馬功勞。每次皇太極和群臣議事，都要問：「范章京（范文程）知道嗎？」

清軍入關規矩多

山海關
明長城的東北關隘之一，吳三桂就是在這裏打開城門讓清軍入關的。

清王朝定鼎燕京
明朝最後一位皇帝崇禎自縊後，范文程勸攝政王多爾袞（gǔn）趁亂進軍北京城。多爾袞在明朝將領吳三桂的帶領下，擊敗李自成的農民軍，佔領了北京城，並迎接順治母子入京，實現了努爾哈赤和皇太極入主中原的夙願。

吳三桂

少年順治

八旗旗幟

愛江山更愛美人
順治帝因病英年早逝，但亦有傳說順治帝在董鄂（è）妃去世後，非常傷心，決定出家當和尚。由於孝莊太后和大臣們拚命阻攔，他只能帶髮出家。就這樣，順治帝成了皈依佛門的皇帝。

8

原來，電視劇裏「還珠格格」的叫法是錯的！

一代梟雄多爾袞

多爾袞是努爾哈赤的第十四子，後被封為和碩睿（ruì）親王。他十七歲就上戰場打仗，立下了赫赫戰功，成為正白旗旗主。皇太極去世後，他扶持年幼的順治登基，並輔佐朝政，任攝政王，後來又被尊封為皇父攝政王。他戎馬一生，為大清朝立下了汗馬功勞。

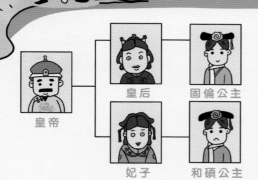

皇帝

皇后 — 固倫公主

妃子 — 和碩公主

皇帝的女兒不叫格格

清朝在入關前，沒有郡主和公主之分，只要是未出嫁的姑娘都叫作格格，包括皇帝的女兒。後來清王朝入主中原，為了顯示皇家威儀，皇帝的女兒在成年後一律被封為公主，而王公貴族的女兒則還是稱為格格。

清朝男子髮式的變化

剃髮易服

清軍入關後，頒佈了嚴格的「剃髮令」，規定官員和百姓都要剃頭結辮，換上滿族衣飾。他們喊出「留頭不留髮，留髮不留頭」的口號，引起了百姓的強烈不滿和反抗。

還是我們明朝人的髮型美！

金錢鼠尾

跑馬圈地

這一時期，多爾袞以皇帝的名義，推行跑馬圈地政策。王公貴族騎着馬在規定時間內，能跑多遠就能圈多少地，導致很多農民給八旗莊園當佃（diàn）農，或淪落為乞丐。

靠痘印當上皇帝的康熙大帝

別看康熙滿臉的痘印，他能當上皇帝還真得感謝這些痘印呢！當時京城天花肆虐，順治皇帝病危時，就是看中八歲的皇三子得過天花並獲得終身免疫力，才把皇位傳給他。

朕可是中國歷史上在位時間最久的皇帝。

康乾盛世
康熙 8 歲登基，在位 61 年，開創了「康乾盛世」。

糧行

藥鋪

鋪肉記馮

親征噶（gá）爾丹
康熙曾三次親征大漠，平定了噶爾丹的叛亂。

《康熙字典》
康熙時編纂（zuǎn）的字典。

東坡肉形石
康熙年間供入內府，現為中國四大奇石之一。

湯若望
執掌欽（qīn）天監的洋教士。

茶莊

10

清軍在雅克薩戰役中使用的火炮。

蒲松齡與《聊齋志異》

雅克薩大捷

康熙派兵趕走了沙俄侵略者，收復了失去的領土，並與俄國簽定了《中俄尼布楚條約》。

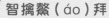

中俄尼布楚條約

智擒鰲（áo）拜

少年康熙假裝迷戀摔跤、角鬥，與十幾個同齡的八旗子弟一起活捉作惡多端的輔政大臣鰲拜，將他關入大牢。

平西王——
吳三桂

千叟宴

清朝宮廷裏規模最大的宴席，最早始於康熙時。

為「嚇煞人香」賜名

康熙帝去江南時，曾喝過一種叫「嚇煞人香」的茶，他覺得茶名太難聽，就把它改成了「碧螺春」。

平定三藩之亂

三藩指吳三桂、尚可喜、耿精忠這三個藩鎮王。從順治皇帝起，三藩每年都要耗費大量的錢糧，還在管轄的地盤上作威作福，幾乎成了清廷的「蛀蟲」。康熙撤除了三藩，並平定了他們發起的叛亂。

平南王——
尚可喜

靖南王——
耿精忠

滿洲第一勇士——鰲拜

鰲拜戰功赫赫，曾為清朝立下汗馬功勞，被稱為「滿洲第一勇士」。

康熙完善了奏摺制度，方便了大臣向皇帝說「小秘密」。

康熙皇帝的一天

朕乃清聖祖康熙帝，大清第四位皇帝，一個勤政愛民的工作狂。今天來給你們講講朕的一天。

④ 終於熬到早飯時間，但老祖宗定下「食不過三」的規矩，所以再喜歡的菜，朕也不能多吃。

③ 整理好內務後，就得去給祖母孝莊太皇太后請安。太皇太后是個偉大的女人，對朕沒少費心思。

② 皇帝可不能亂穿衣服，每天只能乖乖地穿龍袍。

⑫ 勞累又充實的一天結束了，好開心！但明天還得早起，朕得早點睡了！

① 當皇帝從來不能睡到自然醒，凌晨四點就得起牀準備去「上班」。

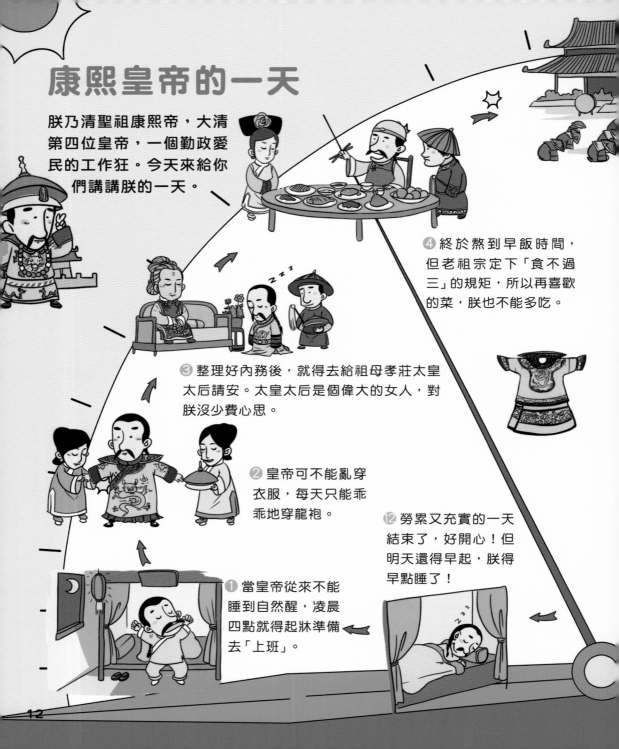

⑤ 吃飽喝足後，該去上朝聽官員們匯報工作了。

⑥ 批閱奏摺是朕每天必不可少且十分重要的工作。

⑦ 忙了一天，享受美食的時間又到了。開吃！

⑧ 聽戲是朕那個年代主要的娛樂方式之一，可以緩解一天的疲勞。

⑪ 給你們秀一下朕的才藝——彈琴，可不要被朕迷倒呀！

⑩ 下下棋也不錯，可以活躍一下思維。

⑨ 再來欣賞大師的名畫，舒緩一下神經。

「黑馬皇帝」的逆襲史

雍正是康熙的第四個兒子，由於他出生時母親地位不高，所以就由另一位妃子撫養。在康熙帝二廢太子後，雍正不動聲色地向老皇帝表現自己，本來並不被看好的他，最終當上了皇帝。

皇家阿哥多，到底誰是接班人？

康熙還沒來得及公開繼承人的人選就突然去世。後來隆科多等大臣宣佈遺詔，雍正登基。當時民間一直流傳，康熙皇帝的遺詔中寫的是「傳位十四子」，雍正把「十」改成了「于」，篡（cuàn）位當了皇帝。

討好皇父有妙招兒

皇子時期的雍正為了討康熙的喜歡，特意命宮廷畫師畫了一套《耕織圖》，圖中將自己與妻子塑造成了耕田的農夫與農婦的形象。

加強對少數民族的統治

攤丁入畝，改革稅制

原來按家裏有幾個人來徵稅，後改為以家裏有多少塊田來徵稅，這種徵稅方式使百姓種田更積極了，同時也打擊了土豪地主的欺壓行為。

老百姓糧食增產

看我七十二變

雍正是個「宅男」，連大門都不常出。不工作的時候，他就在圓明園找樂子、玩變裝秀，並請洋畫師畫下來。快瞧，堂堂的皇帝像不像個大頑童呢？

《雍正行樂圖》

勞模皇帝

❶ 雍正每天除了睡覺，就是工作。他早晨四點起牀，晚上十二點睡覺。

❷ 據說，他只在過生日和過年時休息五天。

❸ 他完善了密摺制度，規定三品以上的官員可以直接打小報告，平白無故給自己找了很多麻煩。

❹ 雍正在位期間，勤於政事，為乾隆盛世打下了堅實的基礎。

了不起的盛世之景

乾隆是中國古代歷史上最高壽的皇帝，享年 89 歲。他在位期間，促進了國家的發展，還曾六下江南，拓建圓明園，使清朝的文化、經濟、手工業都有了很大進步。在他的治理下，國家進入了「康乾盛世」。

京劇
誕生於乾隆年間，是中國的文化精華。

偉大的著作
乾隆年間出現了大量優秀的著作，其中以曹雪芹的《紅樓夢》和紀曉嵐主編的《四庫全書》最為有名。

精美絕倫的掐絲琺（fà）琅器
掐絲琺琅器是一種瓷銅結合的獨特工藝品，用料昂貴，製作工藝也很複雜。這種工藝品主要是作為尊貴地位的象徵，其製作工藝在乾隆年間發展迅速，達到了頂峰。

掐絲琺琅器的生產製作過程

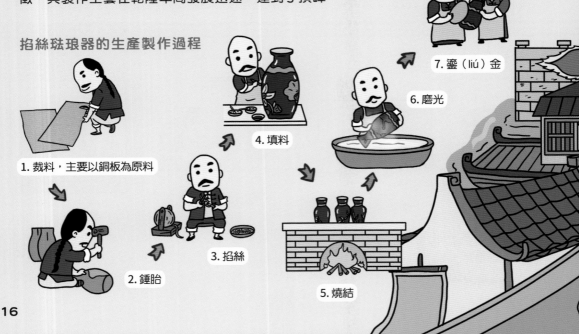

1. 裁料，主要以銅板為原料
2. 錘胎
3. 掐絲
4. 填料
5. 燒結
6. 磨光
7. 鎏（liú）金

清朝第一大貪官——和珅

和珅是清朝出了名的大貪官，還是乾隆皇帝最寵信的大臣，他積累的財富相當於清朝十多年國庫存銀的總和，可見他到底貪了多少錢！

揚州八怪

康熙中期到乾隆末年，一群活躍在揚州地區的書畫家。

愛到江南「旅遊」的皇帝

清朝皇帝大多都是「宅男」，可乾隆皇帝不想這樣，這不，他又乘着龍舟去江南啦！

逍遙的爹，倒霉的兒

乾隆晚年經常舉辦各種奢華的宴會，使得國庫空虛，再加上白蓮教起義，到了嘉慶時期，清王朝早已是個外表光鮮、內部腐朽的爛攤子。這真是逍遙了爹，倒霉了兒啊！

白蓮教起義

白蓮教是一個民間宗教組織。乾隆末年時，由於失去土地、食不果腹，大量農民參加了白蓮教發動的起義，起義軍隊伍不斷壯大，到嘉慶九年才被全部鎮壓。白蓮教起義使清王朝元氣大損，根基動搖。

「和珅跌倒，嘉慶吃飽」

嘉慶掌權後，懲治了大貪官和珅，並查抄了他全部的財產。由於和珅貪污數額巨大，因此民間有句諺語：「和珅跌倒，嘉慶吃飽。」

當時西方和中國的交通工具對比

哇！火車速度好快！一個小時就到目的地了！

哎！走了三天三夜，還沒到！

小小的蒸汽，大大的影響

瓦特是英國著名的發明家，他改良了蒸汽機，加速了工業機器化。從此，世界進入了「蒸汽時代」。

瓦特改良的蒸汽機。

據說，小瓦特曾經觀察水壺中的水蒸汽是如何將壺蓋沖開的。

「天朝大國」的美夢

當西方國家正忙着把發明的各種機器用在工業上，並不斷革新技術、提高生產力時，同一時期的清政府還在閉關鎖國，做着「天朝大國」的美夢，拒絕與國外通商。到嘉慶末年，清朝統治下的中國已經遠遠落後於西方。

倫敦橋是英國的著名建築之一。

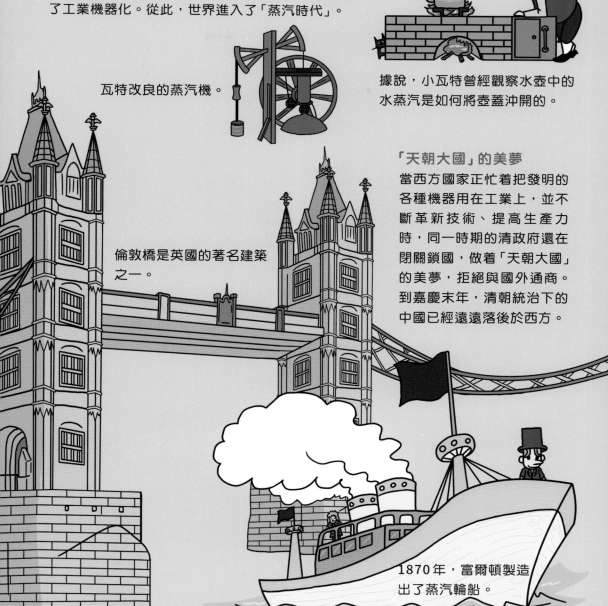

1870年，富爾頓製造出了蒸汽輪船。

19

第一次鴉片戰爭

禁個煙而已，戰爭就開始了

英國向中國走私了大量鴉片，一開始人們紛紛追捧，很快鴉片就流行開來。但後來，隨着白銀大量外流，許多士兵、官員、百姓都被鴉片擊垮身體，朝廷這才反應過來，原來鴉片是英國人軟綿綿的炮彈啊！於是，朝廷派林則徐去廣東查禁鴉片，這次行動後來也導致了鴉片戰爭的開始。

林則徐

鴉片的由來

罌（yīng）粟（sù）花　　罌粟果　　鴉片

虎門銷煙紀念雕塑

為紀念虎門銷煙而建造的巨型雕塑《較量》，現如今坐落在虎門鎮。

道光皇帝

吸食鴉片的人

銀兩

英國商人

英國女王

鴉片是一種能讓人上癮的毒品，俗稱「大煙」。

英國人的「小算盤」

林則徐虎門銷煙，徹底惹怒了英國人。他們打算繼續向中國走私鴉片，於是向中國發動了第一次鴉片戰爭。

《南京條約》

鴉片戰爭以中國戰敗告終，英國逼迫清政府簽訂了喪權辱國的《南京條約》，這是中國近代史上第一個喪權辱國的不平等條約。條約簽訂後，英國佔領香港島，並索要巨額賠款。鴉片在中國更加泛濫，白銀外流更加嚴重。

南京條約

太平軍起義了

鴉片戰爭後，中國接連爆發農民起義，但規模都很小，直到洪秀全跳了出來，他率領眾多拜上帝教的教徒發動了金田起義，建立了太平天國。由於太平軍都留着長髮，因此被清政府稱為「長毛賊」。

太平天國運動是中國歷史上規模最大、歷時最長的一次農民運動。

太平天國是中國歷史上唯一一個具備服飾制度的農民政權。

巾幗不讓鬚眉的太平女兵

洪秀全最早成立拜上帝教時，主張男女平等，因此在起義時還建立了女兵部隊。這些女兵上陣殺敵絲毫不比男人差，連吃過苦頭的清軍都氣憤地管她們叫「大腳蠻婆」。

天朝田畝制度

《天朝田畝制度》

它最主要的內容是廢除封建土地所有制，將土地平均分配給農民，並主張人人平等，這在當時無疑是非常先進的想法！

太平天國鑄造的貨幣

天京陷落

起初，太平軍在與清軍的戰鬥中勢如破竹，很快就佔據了半壁江山。在這一過程中，洪秀全定都南京，並將南京改為天京。太平天國的這些領袖們後來只顧貪圖享樂，互相爭權奪利。十三年後，清軍攻破天京，太平天國運動失敗。

洪秀全自封天王。
楊秀清官封東王。
蕭朝貴官封西王。
馮雲山官封南王。
韋昌輝官封北王。
石達開官封翼王。

天王
西王
東王
南王
北王
翼王

這邊烽火未歇，那邊硝煙又起

咸豐是清王朝最後一位掌握實權的皇帝，他在執政的十一年裏，可謂倒霉透頂。本來國內爆發的太平天國運動已經夠讓他頭疼了，這時英法聯軍又再度來犯，真是這邊烽火未歇，那邊硝煙又起！

馬神甫事件

法國傳教士馬賴非法進入廣西傳教，因其胡作非為，被當地官員處死。法國藉此向中國宣戰。

亞羅號事件

清軍在處理懸掛着英國國旗的中國走私船隻時，混亂中將英國國旗扯下。英國以清政府侮辱英國國旗為由向清政府宣戰。

亞羅號事件

馬神甫事件

吸食鴉片的
朝廷官員

簽訂不平等
條約

快瞧，皇帝逃跑了！
英法聯軍入侵北京之前，咸
豐帶着家眷，以狩獵的名義
倉皇地逃往承德避暑山莊。

簽訂戰敗條約
為了求和，清政府以割地賠款為代價與西方各國
簽訂了喪權辱國的《天津條約》《北京條約》等
不平等條約。中國的半殖民地半封建程度進一步
加深了。

火燒圓明園

圓明園是由圓明園、長春園和萬春園組成的皇家園林。它佔地廣，建築、景點多，被稱為「萬園之園」，是園林藝術的瑰寶。

站立的恥辱

這些廢墟中的殘垣（yuán）斷壁，默默地講述着曾經遭遇過的恥辱。

宮廷匠師

十二生肖銅獸首

圓明園的劫難

當英法聯軍來到這座「萬園之園」時，他們被園內的無數珍寶和瑰麗景色震撼了。首先闖入的法軍見到金銀珠寶就往口袋裏裝，還不時掉落些寶貝。英軍晚來一步，他們把能帶走的都收入囊中，帶不走的如漂亮的瓷器等就都砸壞打爛。英法聯軍將園裏的奇珍異寶洗劫一空後，還放火焚燒。大火燒了三天三夜，最終將圓明園變成了一片廢墟。

圓明園十二生肖獸首銅像

十二生肖獸首銅像是乾隆時期修建圓明園的海晏堂時所造，由歐洲傳教士郎世寧主持設計，蔣友仁監修，清朝的宮廷匠師承製，其工藝堪稱一絕，歷經百年都不鏽蝕。英法聯軍闖進圓明園後，掠走了這些國寶。

郎世寧　　　　乾隆皇帝　　　　蔣友仁

垂簾聽政的「無冕女皇」

慈禧的出身並不太好，在男人掌權的時代，她從一個小小的貴人躍身成為擁有最高統治權的皇太后。此後，她三度垂簾聽政，兩次決定皇位繼承人，把持朝政近半個世紀，深刻地影響了中國近代歷史的走向。

慈禧太后
咸豐駕崩後，慈禧的兒子繼位。

慈禧自咸豐初年進宮後，在咸豐皇帝的寵愛下，一步步得到晉封。

貴妃
被內憂外患困擾的咸豐放手讓還只是貴妃的慈禧代筆批閱奏摺。

懿妃
為咸豐生下唯一的皇子，晉封懿妃。

懿（yì）嬪
深受咸豐喜愛，得到晉封。

蘭貴人
17歲被選入宮，賜號蘭貴人。

深宮內的權力遊戲

清王朝的內憂外患使咸豐皇帝精疲力竭。此時他發現慈禧對政治很有見解，於是咸豐經常讓慈禧代筆批閱奏摺，還允許慈禧討論朝政。慈禧就這樣慢慢地登上了清王朝的政治舞台。

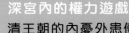

過去懿貴妃總幫朕批奏摺！這個老婆野心真大！

哎，薑還是老的辣啊！

我這個親兒子都沒有搶到老媽手裏的權力，別說你一個姪子啦！

我第一次見她就嚇得渾身哆嗦，嚎啕大哭！

咸豐　光緒　同治　溥儀

辛酉政變

咸豐駕崩後，一直很有野心的慈禧太后聯合慈安太后和咸豐的弟弟恭親王，發動了震驚朝野的辛酉政變。隨後，他們宣佈「兩宮太后垂簾聽政」，並將咸豐欽定的八個顧命大臣要麼處死，要麼免職或發配充軍。

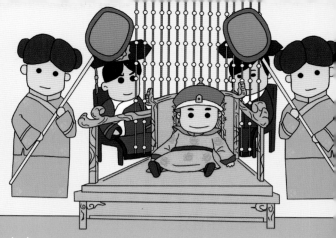

「老佛爺」的由來

據說當年慈禧想再度垂簾聽政，可又擔心朝中會有大臣反對，心中不免失落。慈禧的心腹太監李連英猜出她的擔憂，便讓人在宮外建起一座佛像，並告訴慈禧那裏有雙佛顯光，是大吉大利之兆，請太后前去觀賞。等慈禧駕臨時，見殿中只有一座觀音像，周圍還有文武大臣。這時，李連英喊道：「老佛爺到！」大臣們也都附和，並說慈禧是觀音轉世，請再度垂簾聽政，救百姓於水火之中。慈禧一聽非常高興，自此，「老佛爺」這個稱呼就流傳開來。

老佛爺！

八國聯軍侵華時，慈禧帶着光緒皇帝逃跑，臨走時還命人把光緒最寵愛的妃子珍妃推入了井中。

快瞧，跪着開車的司機！

慈禧是中國第一輛汽車的車主，她過 66 歲大壽時，袁世凱從美國買來一輛汽車送給她。慈禧收到車後，命人把前排座位拆除，讓司機跪着開車，以示對自己的敬重。

洋務運動

兩次鴉片戰爭，把朝中一些有頭腦的大臣打醒了，他們認識到中國和西方列強的差距，於是發起洋務運動，打出「自強」「求富」的口號，學習西方先進技術，引進西方軍事設備，創建了中國第一批近代企業。

創辦學校

京師同文館，是恭親王奕訢申請開辦的清末最早的「洋務學堂」，專門培養外語翻譯和洋務人才。

曾國藩

左宗棠　李鴻章　張之洞

晚清四大名臣

曾國藩、左宗棠、李鴻章和張之洞都是響噹噹的大人物，他們既是晚清的四大名臣，又是洋務派的代表人物。其中，曾國藩曾率兵鎮壓太平天國運動，創建了湘軍；李鴻章創立了淮軍，建立了中國第一支西式海軍——北洋水師；左宗棠是湘軍著名將領，有着赫赫軍功；張之洞則推動了中國近代工業和教育的發展。

洋務運動時期創辦的報刊主要有《申報》和《萬國公報》。

翻譯外文書籍

洋務運動期間，同文館翻譯了大量外文書籍。

發展軍事工業
江南製造總局是洋務派開設的規模最大的軍工廠。

江南製造總局

選派留學生
洋務運動期間，清政府曾選派幼童赴美，還派遣福建船政學堂的學生赴歐，學習西方先進技術。

哇，來了好多梳辮子的中國朋友，歡迎！

京張鐵路由留學歸來的詹（zhān）天佑設計，是中國第一條自主修建的鐵路。

「人」字形線路

一敗塗地的「花架子部隊」
北洋海軍號稱是當時亞洲實力最強、規模最大的海軍部隊，但在對陣日本海軍時，卻落得個全軍覆沒的悲慘結局。因此，很多人都說北洋海軍只不過是「花架子部隊」，經不起打仗。北洋海軍在甲午戰爭中的失敗，也標誌着洋務運動的徹底失敗。

甲午之戰，這場仗打得好丟臉

日本國力日漸強盛，並向中國發動了蓄謀已久的甲午戰爭。當時清政府通過洋務運動，組建了號稱「亞洲第一艦隊」的北洋水師，結果完全敵不過日本的聯合艦隊。這場戰爭，最終以清政府慘敗收場。

打仗不如蓋房子
慈禧挪用軍費修建頤和園，導致裝備北洋水師的經費緊張，裝備落後。

兩軍火力對比
北洋水師的很多炮彈要麼點不着，要麼點燃後不爆炸，殺傷力弱；日本聯合艦隊的炮彈擊中目標就爆炸，殺傷力強。

簽約風波

清朝政府被日本打敗後，派 74 歲的大臣李鴻章到日本商討條約的簽署事宜。不料，李鴻章遭到日本刺客的襲擊，當場昏倒，刺客也趁亂溜之大吉。後來，刺客被日本警方逮住，並承認是因為不希望兩國停戰議和，所以決定刺殺李鴻章，進而挑起新的戰爭。

雙方簽訂《馬關條約》。

馬關條約

甲午戰爭中，北洋海軍全軍覆沒，清政府被迫簽訂喪權辱國的《馬關條約》。條約規定，中國割讓遼東半島、台灣島及附屬島嶼、澎湖列島給日本，賠償日本兩億兩白銀，並增開幾處商埠，允許日本在通商口岸投資辦廠。

君子還是賊子，誰說了算

甲午戰爭失敗後，以康有為、梁啟超為首的維新派通過光緒帝發動了戊（wù）戌（xū）變法，史稱「百日維新」。這場變法想通過改變國家制度來達到救國救民的目的，不過只推行了103天，就宣告失敗了。

戊戌變法主要內容

1. 改革政府機構，任用維新人士。

2. 鼓勵私人興辦工礦企業。

3. 開辦新式學堂，吸引人才，翻譯西方書籍，傳播新思想。

4. 創辦報刊，開放言論。

5. 訓練新式陸軍海軍。同時，廢除八股文，取消多餘的衙門和無用的官職。

公車上書

康有為聯名梁啟超等上千名舉人上書給光緒帝，反對清政府跟日本簽署喪權辱國的《馬關條約》。此事件標誌着維新派正式登上歷史舞台。

由於漢朝察舉的士人入京接受考核是用公家車輛接送，後來「公車」就成了入京參加會試的舉人的代稱。

菜市口慷慨就義

為救國救民，「戊戌六君子」成為變法的中堅力量。結果在慈禧下令將「六君子」在菜市口斬首示眾時，一些愚昧的老百姓卻紛紛叫好。

請敵人當師傅

日本的伊藤博文既是甲午中日戰爭的發動者，又是日本明治維新的先驅。當他來中國時，康有為等維新派人士非常歡迎他，甚至提出讓日、英、美和中國「合邦」。慈禧得知後，發動政變結束了變法。為了逃避追殺，康有為和梁啟超逃亡海外。

被軟禁的皇帝

光緒皇帝已經在慈禧的陰影下忍了太久，想借着戊戌變法做出一番大事來，可當變法失敗後，這位可憐的皇帝被慈禧軟禁起來，徹底失去了權力。

京師大學堂是北京大學的前身。

權力都在太后手裏，怪我嗎？

光緒

我才不看無實權的皇帝下的聖旨！

譚嗣（sì）同的絕命詩

譚嗣同本來可以躲開慈禧的追殺，但為了喚醒麻木的人們，他決定慷慨就義，最後被殘忍地殺害。臨死前，他寫下了那首著名的絕命詩《獄中題壁》：望門投止思張儉，忍死須臾待杜根。我自橫刀向天笑，去留肝膽兩崑崙。

義和團運動

1900年，中國北方地區出現了一群頭裹紅布、手持長刀的貧苦農民，他們號稱「神功附體，刀槍不入」，打着「扶清滅洋」的愛國旗號，見到與「洋」字有關的東西統統破壞掉。這就是有名的義和團。

義和團的發展

❶ 一些貧苦農民與當地的傳教士發生衝突，後來這些農民相互聯合起來，發展成義和團。

義和團

扶清滅洋

❷ 早期的義和團打着「扶清滅洋」的旗號吸引廣大群眾參加，清政府對其的鎮壓也忽緊忽鬆。

❸ 不久後，當慈禧要將義和團收為己用時，義和團馬上響應朝廷的號召，成了「扶清滅洋」的先行者。

鐵拳和刀槍的比試

1900年，慈禧頒佈《宣戰詔書》，同時向11個國家宣戰。士氣高漲的義和團舉着大刀、唸着咒語跑去攻打使館區，結果卻被外國人打垮。

④ 義和團到了京城後，見到洋人就殺，甚至禁止百姓做跟「洋」有關的任何生意，以至於各大商鋪門口紛紛懸掛紅色頭巾，向義和團示好。

八國聯軍入侵北京

八國聯軍入侵北京城時，慈禧派義和團前去攻打。然而號稱「刀槍不入」的義和團在外國人的真槍實炮前不堪一擊，很快就敗下陣來，京城再次淪陷。

《永樂大典》被毀

義和團眼看攻不下使館區，於是就在英國公使館放火，結果火勢太大，英國公使館沒事，倒是緊挨着的翰（hàn）林院燒了起來，《永樂大典》也被燒毀了。

義和團的悲慘結局

在這場戰爭中，清軍接連戰敗，慈禧和光緒喬裝打扮逃離北京。之後，清政府被迫簽訂了喪權辱國的《辛丑條約》，並下令屠殺義和團成員。

慈禧和光緒逃跑

簽訂戰敗條約

處決義和團成員

辛亥革命：皇帝倒，辮子割

孫中山領導的辛亥革命，廢除了中國兩千多年的封建帝制，建立了中華民國，孫中山當選為中華民國臨時大總統。

中國同盟會

孫中山創建了中國第一個資產階級革命政黨——中國同盟會，提出了「民族、民權、民生」的綱領。

倫敦蒙難記

廣州起義失敗後，孫中山成了清政府的眼中釘、肉中刺。後來他在流亡英國時，被駐英公使館綁架，經多方全力營救，才脫險獲釋。

鐵血十八星旗是武昌起義勝利的標誌。

武昌起義

清政府打算把國內鐵路的權益讓給西方列強，這種賣國求榮的行為在四川等地激起了民憤。隨後，清政府從湖北調兵去四川鎮壓，革命黨的領袖們趁機在武昌發動起義。很快，全國各地紛紛響應，這沉重地打擊了清政府的統治。第二年，清帝被迫宣佈退位。

辛亥革命在國內傳播自由、平等、博愛的新思想，給人們帶來了新的道德觀念和價值觀念，去除了舊時的一些不好的風俗習慣。

民國日報

粉碎舊時「風俗之害」

中山裝代替小馬褂

男子不再留辮

女子不再纏足

您好！
您好！

跪拜禮消失

禁止買賣鴉片

1912年民國元年

改用公曆

竊國大盜袁世凱

掌握實權的袁世凱在西方列強的幫助下，以答應孫中山勸清帝退位、公開贊成共和為由，讓孫中山讓位給自己。最終，辛亥革命的勝利果實被袁世凱竊取了。

走進繁華的晚清京城

在封建專制社會中，衣、食、住、行都有着嚴格的等級規定，但在晚清時期，受西方文化的影響，老百姓的生活漸漸有了新的變化。

西式洋房
隨着越來越多的外國人跑到中國安家，中國的建築也開始有了新的變化。很多有錢的人家把房子蓋成了西式洋房，就連傢俱都是西式的。

馬甲
清朝初期，人們喜歡將馬甲穿在裏面，到了晚清則習慣把它穿在外面。

清朝照明工具的變化

交通工具
從西方傳來的新式交通工具部分取代了中國傳統的代步工具（馬車等）。

中國開始有了電燈這種照明工具。

中國受西方飲料、點心及西方烹飪技術影響較大，到了晚清，人們把吃洋菜、喝洋酒當成了一種時尚。

紫禁城，皇帝的家

作為明清兩個朝代的皇家宮殿，故宮一共住過 24 位皇帝，從明朝皇帝朱棣到清朝末代皇帝溥儀，故宮在五百多年裏，見證了朝代的更替和歷史的變遷。現在就讓我們來了解一下故宮吧！

龍「壯壯」　　鳳「美美」

故宮吉祥物

吉祥缸
置於宮殿前，盛滿清水以防火災

九龍壁
倚宮牆而建的單面琉（liú）璃影壁。

故宮位於北京中軸線的中心。

午門，是故宮的正門，也是頒發皇帝詔書、處罰大臣、陳設典禮儀仗的地方。

午門

我可是世界上現存規模最大、最完整的一處木質結構古建築群。

乾清宮

乾清宮，皇帝的寢宮，同時也是皇帝辦公的地方。

乾清門

乾清門，「外朝」和「內廷」的分界線。

太和殿

太和殿，故宮最大的殿，也稱「金鑾（luán）殿」，是用來舉行皇帝登基、大婚等典禮的地方。

太和門

太和門，故宮最大的門，皇帝上早朝的地方。

日冕（guǐ）
古人利用日影測時刻的儀器。

仙人走獸
宮殿屋脊上的雕塑裝飾物。

《清明上河圖》是中國的傳世名畫之一，屬國寶級文物，現收藏於北京故宮博物院。

43

給皇位打工的「馬桶皇帝」

溥儀這輩子雖然當了三次皇帝，但他從來都沒有真正掌握過實權。可以說，他一直都在為皇位打工。

我喜歡坐在馬桶上看文件，因此別人都管我叫「馬桶皇帝」！

溥儀跌宕（dàng）起伏的一生

我要回家！

❶ 光緒皇帝沒有子嗣，他去世後，慈禧下旨將皇位傳給他的姪子——3歲的溥儀。

《我的前半生》由溥儀所寫，是中國歷史上唯一一本由皇帝親筆寫的自傳。

❷ 辛亥革命爆發後，溥儀宣佈退位，但《清室優待條件》規定，溥儀仍然可以住在紫禁城，並擁有禁衛軍和宮女、太監。

❸ 張勳（xūn）復辟帝制，但遭到了四面八方的反對，因此溥儀只當了十天的皇帝就再一次退位了。

⑥「二戰」結束後，遠東國際軍事法庭在東京對日本戰犯進行審判。溥儀到場八天，成了作證時間最長的證人。

⑤日本發動「九一八事變」後，佔領了中國的東北三省，並在當地建立偽滿洲國，扶持無家可歸的溥儀為皇帝，不過溥儀根本就沒有實權，完全是個傀（kuǐ）儡皇帝！

④馮玉祥佔領北京城後，將溥儀趕出了皇宮。

重遊故宮

有一次，溥儀跟朋友去參觀故宮，發現光緒皇帝的照片被錯掛成自己的父親載灃的。見專家死不承認，溥儀只好說：「那是我爹，我能不認識？」這才把照片給改過來。

瞧，末代皇帝上班了！

中華人民共和國成立以後，已經在監獄裏待了十年的溥儀被特赦。後來，他在北京植物園擔任過售票員和園丁。

廢除三千多年的太監制度

辛亥革命後，溥儀雖宣佈退位，但仍住在紫禁城裏。他身邊的太監為了掩飾變賣寶物的醜事，故意縱火燒毀了建福宮花園，溥儀一氣之下就遣散了宮中所有的太監。

世界大事記

英國資產階級革命

英國在1640年爆發了資產階級革命，隨後西方各國也陸續進入資本主義時代。

滑鐵盧戰役

後來，拿破崙在滑鐵盧戰役中慘敗，法蘭西第一帝國覆滅，拿破崙也被流放到聖赫勒拿島，自此退出歷史舞台。

拿破崙稱帝

拿破崙憑藉着高超的軍事才能迅速崛起。在他的帶領下，法國逐漸稱霸歐洲。隨後，他正式加冕（miǎn）稱帝，法蘭西第一帝國正式建立。

達爾文進化論

達爾文乘坐「貝格爾」號（又稱「小獵犬」號）環球航行時，研究了大量動植物和地質環境，後來出版了震驚學術界的《物種起源》，提出了生物進化論：適者生存，不適者淘汰。

巴黎公社

為了推翻對內鎮壓民眾、對外投敵賣國的政府，法國的工人們發動了武裝起義，短暫地建立了統治巴黎的政府——巴黎公社，這也是歷史上第一次由勞動者建立政權的嘗試。

明治維新

在西方國家工業文明的衝擊下，日本進行了明治維新。此次改革使日本成為亞洲第一個開始工業化的國家，並由此踏進世界強國之列。

北美獨立戰爭

為了擺脫英國的殖民統治，實現國家獨立，美國聯合法國等國共同對抗英國，最終在第二次大陸會議上通過了《獨立宣言》，宣告了美國的誕生。

清 大事年表

公元 1644 年，清軍入關，定都北京。

公元 1661 年，順治帝駕崩，康熙帝即位。

公元 1839 年，林則徐虎門銷煙。

公元 1840 年，鴉片戰爭爆發。

公元 1856 年，天京事變，第二次鴉片戰爭爆發。

公元 1860 年，英法聯軍火燒圓明園。

公元 1864 年，天京陷落，太平天國運動失敗。

公元 1894 年，中日甲午戰爭爆發，孫中山成立興中會。

公元 1898 年，戊戌變法失敗，「六君子」就義，光緒帝被軟禁。

公元 1912 年，宣統帝退位，清朝滅亡。

注：本書歷代紀元以《現代漢語詞典》（第 7 版）為參考依據。